Inhalt

Vorwort

»Der Zweck des Lebens ist die
Durchdringung all seiner Er-
scheinungen mit Liebe«
Leo Tolstoi

Selten hat ein Buch eine so bedeutende Wir-
kungsgeschichte erzielt wie das Tao-te-king des
chinesischen Weisen Lao-tse; und selten ist ein
Werk in so unterschiedlicher Weise aufgenom-
men und interpretiert worden wie diese Samm-
lung von einundachtzig Sinnsprüchen, die in
ihrer endgültigen, heute vorliegenden Form
vermutlich um 300 v. Chr. vollendet wurden.
Die Urheberschaft der Sentenzen des Buches
vom Sinn und Sein, von der Welt und ihrem
Wesen aber geht zurück in das sechste vor-
christliche Jahrhundert, als Lao-tse im Jahre 604
im Dorf Kü-jen (in der heutigen Provinz Honan)
an der Nordgrenze des alten Dschu-Staates (ein
Tai-Stamm, der sich noch in Mittel- und Süd-
china findet) geboren wurde, fünfzig Jahre vor
dem anderen großen chinesischen Denker, vor

Konfuzius (Kung-fu-tse). Die philosophische Lebensauffassung dieser beiden – legendär gewordenen – Weisen differiert erheblich: Während sich Konfuzius in seinem Schaffen vor allem um Recht, Moral und den Staat sorgt, bedenkt Lao-tse (d. h. »der alte Meister«) den Menschen an sich und seinen Bezug zum Urgrund allen Seins, dem Tao.

Dem Wort des chinesischen Historikers Si-Ma-Tsien (163–85 v. Chr.) zufolge war es Lao-Tses Bestreben, im verborgenen und ohne Namen zu sein und zu wirken. Wir erfahren daher nicht viel von seinem Leben, außer daß er als Historiograph am kaiserlichen Staatsarchiv tätig war. Diese Stellung ermöglichte es ihm, politische und kulturelle Entwicklungen im Reich zu überblicken und sich seinen Forschungen, die »letzten Fragen« betreffend, hinzugeben. Der junge Konfuzius soll ihn während dieser Zeit besucht und nach Riten und Zeremonien des altchinesischen Volkes befragt haben. Obwohl ihm Lao-tse von diesen Fragen abriet und ihm eher abweisend gegenübertrat, wohl weil sich Konfuzius etwas eingebildet benahm, lehrte er ihn: »Banne den stolzen Geist, die vielen Wünsche, schmeichelndes Wesen, ausschweifende Pläne. Dies alles ist ohne Wert für die Persönlichkeit.« Konfuzius muß von diesem Meister im Denken und Leben ergriffen gewesen sein, denn später soll er seinen Schülern berichtet haben: »Was den Drachen betrifft, so bin ich außerstande zu begreifen, wie er Wind und Wolken besteigt und so gen Himmel fährt. Ich habe heute Lao-tse gesehen. Ist er nicht wie ein Drache?«

Als das Dschu-Reich unterzugehen drohte, da der Anspruch des Kaisers, zugleich der oberste Priester zu sein, sich nicht gegen die angrenzenden Lehensstaaten durchsetzen konnte, und die Dynastie ihrem Ende entgegenstrebte, beschloß Lao-tse fortzugehen. Es wird berichtet, er sei auf einem Wasserbüffel reitend zum Grenzpaß Han Gu gelangt. Der dortige Befehlshaber Yin-hi bat ihn, seine Erkenntnisse niederzuschreiben – so entstand die Urform des »Tao-te-king«, in zwei Teile gegliedert, dem »Buch vom Höchsten Wesen« und dem »Buch vom Höchsten Gut«. Daraufhin sei Lao-tse mit unbekanntem Ziel nach Westen weitergezogen. Wann und wo er gestorben ist, ist nicht bekannt. Es wird allgemein das Jahr 520 v. Chr. angenommen.

Eintausendzweihundert Jahre später wird das aus 5000 Schriftzeichen bestehende Tao-te-king von einem Mitglied der Jesuitenmission in China zum ersten Mal in eine Sprache des Okzidents, in das Lateinische übertragen. 1788 gelangt diese Übersetzung an die Londoner Royal Society. Von hier aus beginnt die Verbreitungsgeschichte des Tao-te-king in der westlichen Welt; gleichzeitig beginnt auch die Schwierigkeit der Übersetzung des Begriffes »Tao«. Der lateinische Text setzt noch »ratio« an seine Stelle, etwa vergleichbar mit dem (ebenso letztlich nicht zu übersetzenden) griechischen »Logos«. Deutsche Übertragungen leiden allesamt unter dieser Begriffsbestimmung und sind überdies von der persönlich-geistigen Lebensauffassung der Autoren geprägt. So wählt der Theosoph Franz Hartmann 1897 für »Tao«: »Der Pfad«, Josef Tiefenbacher: »Sinn/Urbild« (1948), Carl Dallago: »Der Anschluß an das Gesetz« (1921), Erwin Rousselle: »Die Führerin des Alls« (1956), Alexander Ular: »Die Bahn/Der rechte Weg« (1903), Richard Wilhelm: »Sinn/Leben« (1911). Auch Übersetzungen wie »Gott« und »Natur« finden sich für »Tao«. Sicher ist es richtig, von der Grundbedeutung »Weg« auszugehen und gewisse Deutungen in den Text einzubringen, vor allem weil Lao-tse urbildhaft spricht und sich in Symbolen und Metaphern auszudrücken weiß. Aus gutem Grunde jedoch wurde für das vorliegende Buch die Übertragung des Tübinger Theologieprofessors Julius Grill gewählt, welche, wissenschaftlich fundiert, eine fast wortgetreue Wiedergabe des Urtextes ist, und das Wort »Tao« nicht übersetzt. Der Autor hat, um den Text verständlicher zu machen, vieles in eigenen Worten, in Paranthese (Klammern) beigefügt, in diesem Buch jedoch wurden solche Stellen, wenn nicht unbedingt nötig, wieder fortgelassen, vor allem, um das Orakelhafte des Textes zu wahren. Denn das Tao-te-king ist ein Werk, in welches sich der Leser meditierend einlassen sollte, um seine wahre Tiefe zu ergründen, um sich selbst zu begegnen und somit der Welt.

Die vorausgeschickte Übersetzung von 28 Sprüchen aus dem Tao-te-king nach der Feder des Klabund (eigentl. Alfred Henschke, 1890–1928) verspricht dem Leser einerseits, gewissermaßen in Kurzform den Inhalt der Weisheit Laotses zu erfahren, andererseits hat er das Vergnügen, altchinesische Wahrheit in der Übertragung durch einen bedeutenden deutschen Schriftsteller kennenzulernen.

Lao-tse lehrt, daß alles dem Tao entspringt; dieses lenkt das gesamte Universum; seine Kraft wirkt weiter in jedem Menschen. Das Universum selbst ist in sich tätig im Zeichen des Gegensätzlichen, wobei aus Sein Nichtsein entspringt (Leben-Tod), aus dem Guten das Böse, aus dem Schönen das Nicht-Schöne. Der

Mensch soll dem Tao, dem »Weg«, dem Urquell allen Seins folgen. Da das Tao aber nicht intellektuell erfaßbar ist, sondern sich im Rhythmus des gesamten Alls entäußert, ist der Mensch aufgerufen, diesem Rhythmus nachzukommen. Im Verschmelzen mit ihm wird der Weise schließlich vollkommen.

Eines der großen und höchsten Prinzipien der taoistischen Lehre ist Wu-Wei, das Tun im Nicht-Tun, das Handeln im Nicht-Handeln. Dieses scheinbare Paradox, das auf keinen Fall als Passivität, als ein vollständiges Sichgehenlassen gedeutet werden darf, erklärt am besten der japanische Dichter Sohseki Natsume (1867–1916) in einer Geschichte aus den »Zehn Tagträumen«: »Ein berühmter Bildhauer schlägt aus einem Stück Holz eine Bodhisattva-Statue. Ein Zuschauer, der dabeisteht, wundert sich, daß der Holzschnitzmeister die Nase und Augen des Bodhisattvas mit dem Meißel so leicht und spielerisch schnitzt. Darauf sagt ein anderer Zuschauer, der Meister schnitze die Nase und die Augen nicht in das Holz, sondern er schlage mit dem Meißel einfach das heraus, was sich schon als Nase und Augen von vornherein im Holz verberge, wie man einen Stein aus der Erde heraushole. Der erste Zuschauer läuft sofort nach Hause und versucht, aus

einem Stück Holz einen Bodhisattva herauszu-
bringen, ihm gelingt es aber nicht. Er sieht, daß
er kein Meister ist, denn er findet kein Holz, in
dem sich der Bodhisattva verbirgt, und zugleich
sieht er, warum ein Meister ein Meister ist.«
Es scheint, daß Lao-tse solch ein Meister war.

Sprüche des Lao-Tse
Deutsch von Klabund

Ohne aus dem Hause zu treten / kann man die Welt erkennen / ohne aus dem Fenster zu blikken / kann man des Himmels Sinn sehen / je mehr einer aus sich herausgeht / desto weniger kann er in sich gehen / also erzielt der Weise sein Ziel ohne zu wandern / er ruft deinen Namen ohne sich umzuschauen / er tut nichts und erlangt alles.

*

Wer andre kennt / ist klug / wer sich selbst kennt / ist erleuchtet / wer andere bezwingt / ist stark / wer sich selbst bezwingt / ist der Held / wer genug hat / ist reich / wer milde will / dessen Wille geschieht / wer seinen Platz nicht leichtsinnig verläßt / wird überall seinen Platz finden / wer sich von dem Tod nicht töten läßt / lebt ewig.

*

Laßt fahren eure fahrlässige Weisheit / eure erklügelte Klugheit / es wird dem Volke hundertmal wohler sein / laßt fahren eure lässige Liebe / eure Pflicht die sich zu nichts ver-pflichtete / und das Volk wird wieder sein Herz fin-

den / was kann eure erkünstelte Kunst? / was
habt ihr mit eurem Gewinst gewonnen? / laßt
fahren dahin: so wird es keine Vagabunden und
Räuber mehr geben / Dreifach also gilt: der
schöne Schein genügt nicht / man muß sich
auch auf etwas verlassen können, von dem man
nicht verlassen wird / Reinheit und Einfalt /
weniger selbstisch sein – um so mehr gelangt
man zu sich selbst.

*

Die unten hungern / weil die oben das ihre
fressen / darum hungern die unten / die unten
sind schwer zu leiten / weil die oben sie immer
ver-leiten / darum sind die unten so schwer zu
leiten / die unten sterben so leicht / weil sie so
schwer leben / darum sterben sie leicht / man
soll ihnen das Leben billig geben / so wird es
ihnen teuer werden.

*

Den Hohen nicht erhöhen / so hindert man, daß
ihn das Volk beneidet / rauh zu erraffenden
Reichtum gering achten / so hindert man, daß
Dieb und Raub geschieht / das Mögliche nicht
mögen / so hütet man das Herz vor Herz-losig-
keit / also wirkt der Weise / leicht sei des Volkes
Sinn und schwer seine Sinnlichkeit / kindlich

sein Gemüt, fest seine Faust / es verkenne nicht
es begehre nicht / die Wissenden fürchten sich
zu handeln / handelt man ohne zu handeln / so
ist wohl getan.

*

Wer in Weisheit dem Herrn der Welt hilft /
unterjocht nicht mit Waffen die Welt / die Welt
könnte ihre Waffen gegen ihn wenden / wo die
Schlacht tobte, wuchert Unkraut und Untat /
hinter den Heeren schleicht der Hunger / der
Held siegt sanft / umarmt den Besiegten / er
siegt ohne Prahlerei / er siegt ohne Selbstsucht /
er siegt ohne Rache / er kämpft und siegt, weil er
kämpfen und siegen muß / was übermächtig
wird, verwest in der Übermacht / dies ist der
Un-sinn / und des Un-sinnes Ende ist bald gekommen.

*

Ein einsichtiger Feldherr sagte: / ich leite nie
zum Kampf, sondern ich lasse mich verleiten /
lieber weiche ich einen Fußbreit zurück, als daß
ich einen Zollbreit vorrücke / das besagt: mar-
schieren ohne Marschordnung / das besagt:
fechten ohne Fechtzeug / das besagt: verfolgen
ohne Folgen / das besagt: den Feind kriegen
ohne Krieg / keine größere Torheit als einen

Unangreifbaren anzugreifen / wer einen Unangreifbaren angreift, verliert leicht sein Herz / darum: wenn Waffen klirren / siegt der Herzhaftere.

*

Eine übervolle Schale muß man zweihändig tragen / dennoch läuft sie über / das schärfste Schwert / behält seine Schärfe nicht / ein Saal voll Gold und Edelsteinen / findet keinen redlichen Wächter / reich, mutig, ansehnlich und dazu roh, übermütig, unansehnlich sein / dies lockt zum Untergang / nach gewirktem Werke leise von dannen gehn / dies ist der Wunsch des Weisen.

*

Was verwelkt / muß vorher geblüht haben / was schwach wird / muß vorher stark gewesen sein / was einstürzt / muß vorher in die Höhe gebaut worden sein / was von uns gehen will / muß vorher zu uns gekommen sein / dies ist die geheimnisvolle Erleuchtung / das Zarte überwindet das Harte / das Schwache überwindet das Starke / den Fisch soll man nicht aus der kühlen Tiefe nehmen / das Volk soll man nicht entvölkern.

*

Wenn das Reich sinn-voll ist / so läßt man die
Rennpferde am Dungwagen rennen / wenn das
Reich sinn-los ist / so werden die Kriegsrosse
weiden auf den Wiesen / nichts ist böser / als
Lüsternheit / nichts ist ärger / als Ungenügsam-
keit / nichts ist schlimmer / als Gewinnsucht /
darum: wer auf Genügsamkeit sinnt, ist immer
zufrieden.

*

Wenn eine große Feindschaft aufhört, bleibt
doch eine kleine Feindschaft zurück / es fällt den
Feinden schwer, sich zu befreunden / hat sich
der Weise verpflichtet, so tut er seine Pflicht /
mögen sie ihm beipflichten oder nicht / wer ist,
wird von seiner Pflicht getrieben / wer nicht ist,
treibt seine Ver-pflichtungen ein / des Himmels
Sinn besonnt Gerechte und Ungerechte / aber
durchsonnt von ihm erscheint nur der Gute.

*

Das große Reich liegt unten am Abfluß der
Ströme / die andern Reiche fließen in ihm
zusammen / es ist ihnen wie ein Weib hingege-
ben / das Weib überwindet durch seine Zartheit
den Mann / durch ihre Zartheit unterliegt er ihr /
also: das große Reich gewinnt die kleinen Rei-

che, indem es sich ihnen unterordnet / das kleine Reich gewinnt das große Reich, indem es sich ihm unterwirft / der eine unterwirft sich, um zu gewinnen / der andere unterwirft, weil er gewonnen wurde / das große Reich soll die Menschheit umschließen / das kleine Reich soll sich an die Menschheit anschließen / beide Reiche er-reichen den wahren Reich-tum / wenn das große Reich sich nicht be-reichert und unten bleibt.

*

Der Himmel dauert / die Erde dauert / Himmel und Erde dauern, weil sie nicht sind / darum dauern sie ewig / also der Weise / er geht hinten und kommt doch voran / er ent-äußert sich / und bleibt doch ganz ver-innerlicht / ist es nicht so / weil er sich ent-eignet / ward er ein Eigener?

*

Wenn der Mensch geboren wird / so ist er zart und schwach / wenn der Mensch stirbt / so ist er hart und stark / das Ding bedingt, daß die Keime an den Bäumen und Kräutern zart und saftig sind / wenn sie dann verwelken / sind sie dürr und saftlos / Tot sein heißt stark und hart sein / Leben heißt schwach und zart sein / also: ein

starkes Herz siegt nicht / der starke Baum stirbt
ab / das Starke und Große ist oben / das Zarte
und Schwache ist unten.

*

Das Zarteste auf Erden / überwindet das Härteste auf Erden / das Lose dringt ein in das Feste /
so begreift man die Wirkung der Ohnmacht /
Belehrung ohne Lehre / Erfolg ohne Folgen /
Wirkung ohne Werke / vermögen nur wenige
auf Erden.

*

Der Weise ist nicht streng / wenn das Volk über
die Stränge schlägt / sein Herz ist sein Herz / wer
gut zu mir ist, zu dem bin ich gut / wer nicht gut
zu mir ist, zu dem bin ich auch gut / denn das
Sein ist gut / ich traue dem Treuen / und ich bin
treu dem Ungetreuen / denn das Sein ist treu /
der Weise lebt leise in der Welt / er ist gegen
jedermann gleich ge-sinnt / alle lauschen ihm /
alle äugeln auf ihn / denn der Weise erweist sich
ihnen wie ein Vater zu seinen Kindern.

*

Erd und Himmel sehen nicht auf den Menschen / die sind ihnen wie Opferhunde aus Heu: zum Wegwerfen / der Weise sieht nicht auf den Menschen / die sind ihm alle wie Opferhunde aus Heu: zum Wegwerfen / das zwischen Himmel und Erde ist wie ein Blasebalg / er leert sich, aber er entleert sich nicht / er hebt sich und er bläst von neuem / wozu die vielen Worte? / das Innerste schweigt.

*

Ins Leben treten heißt in den Tod eingehn / dreizehn Helfer helfen dem Leben / dreizehn Helfer helfen dem Tod / der Mensch wird gelebt, anstatt daß er erlebt / so findet der Tod dreizehn verwundbare Stellen an ihm / woher das? / weil ihm sein Leben Völlerei ist / wir hören: wer zu leben weiß, der schreitet durch die Lande ohne Furcht vor Tiger und Nashorn / er schreitet zwischen Lanzen und Dolchen der feindlichen Heerscharen hindurch ohne Panzer und Waffen / das Nashorn findet keine Stelle an ihm sein Horn einzubohren / der Tiger findet keine Stelle seine Tatzen hineinzuschlagen / der Dolch kann nirgends seine Spitze in ihn senken / warum dies? / weil er unsterblich ist.

*

Wer weiß, nimmt zu / wer sinnt, nimmt ab / er nimmt immer mehr ab, bis er beim Nichts-tun angelangt ist / tut er nichts, so wirkt er vieles / das Reich er-reichen kann er nur / weil er nicht handelt / die Händler werden das Reich nicht erhandeln und nicht er-reichen.

*

Erscheint der Vollkommene sich als unvollkommen / so wird er weit kommen / wer überfließt und dennoch leer scheint / ist unerschöpflich / so auch wenn der Geradeste sich krumm / der Meister sich stümperhaft / der Beredteste sich stotternd erscheint / Bewegung überwindet das Gefühl der Kälte / Sanftheit überwindet die Hitze / Keuschheit und Sanftheit ist der Welt Richtmaß.

*

Dreißig Speichen laufen in einer Nabe zusammen / weil das Innere des Rades leer ist, ist der Wagen brauchbar / Wasser und Erde gibt Ton / Ton gibt Töpfe / weil das Innere dieser Töpfe leer ist / sind sie brauchbar / man reißt Türen und Fenster in eine Wand / weil das Innere der Tür- und Fensterrahmen leer ist / sind sie

brauchbar / das Volle ist nützlich / das Leere ist
nötig.

*

Sein Name oder sein Sein: / was liegt einem
näher? / sein Sein oder sein Haben / was gilt
mehr? / was ist schlimmer: / sich bewahren oder
sich verlieren? / darum: wer sein Herz ver-
schwendet, verbraucht sich / wer viel errafft /
verliert mehr / wer sich genügt / ist aller Ehren
wert / wer innehalten kann / hält das Innere / er
lebt ewig.

*

Der Sinn zeugt das Eine / das Eine zeugt das
Zweite / das Zweite zeugt das Dritte / das Dritte
zeugt alle Wesen / alle Wesen tragen auf ihren
Rücken die Last der Dunkelheit / aber in ihren
Augen brennt das Licht / ein leiser Hauch ver-
eint das was an ihnen uneins / die Menschen
hassen Einigkeit Einheit Einsamkeit Einfalt /
und dennoch nennen und bekennen sich die
Besten so / also: es nimmt etwas ab und doch zu
/ es nimmt etwas zu und doch ab / wer so
spricht, spricht aus mir / die Starken sterben keines natürlichen Todes / ich habe gesprochen / so
spricht mein Spruch.

*

Wer vom Sinn durchsonnt ist, redet nicht / wer redet, ist nicht vom Sinn durchsonnt / ersterer ist unzugänglich und unabkömmlich / er ist geheim verbunden mit dem Sinn / ihn binden nicht Nähe und Nächste / ihn binden nicht Ferne und Fernste / ihn bindet nicht Gewinn / ihn bindet nicht Verlust / ihn bindet nicht Ehre / ihn bindet nicht Un-ehre / darum so ist er der Ehrlichste und Ehrenwerteste auf Erden.

*

Wahrheit verschönt nicht / Schönheit wahrt nicht / der Einsichtige redet nicht / des Redners Worte sind nicht einzusehen / der Lehrer ist nicht gelehrt / der Gelehrte ist leer / der Weise häuft nicht / je mehr er andern schenkt / desto mehr besitzt er / je mehr er ausgab / desto mehr nahm er ein / des Himmels Sinn ist Gnade nicht Schade / der Weisen Sinn ist leiten, ohne zu streiten.

*

Wer der Welt den Spiegel vorhält / der hat Zulauf von allen Seiten / sie laufen zu ihm / ohne sich zu verlaufen / sie fühlen sich beruhigt / ins Gleichgewicht gebracht / beseligt / wo Musik und Mahl winken / verweilt gern der Wanderer /

spricht er aber vom Sinn / an dieser Speise finden sie keinen Geschmack / man möchte den Sinn sehen / aber man sieht ihn nicht / man möchte ihm lauschen / aber – man erlauscht ihn nicht / wer aber ihn ersann / der ist in ihm versunken.

*

Meine Buchstaben sind sehr leicht zu sehen und leicht nachzumalen / aber niemand in der Welt vermag sie zu durchdenken und zu entziffern / diese Worte sprach schon der Ur-vater / diese Werke wirkte schon der Herr / weil man sie nicht begreift, so begreift man auch mich nicht / derer, die mich begreifen, sind wenige / sie sind meine ganze Würde / also der Weise: er trägt sein Geschmeide unter einem ärmlichen Gewand verborgen.

*

Der Geist der Tiefe ist unsterblich / er ist das über-sinnlich Mütterliche / des übersinnlich mütterlichen Herkommen / ist die Wurzel Himmels und der Erde / ewig sitzt die Mutter am Webstuhl / sie wird des Webens nicht müde.

*

TAO-TE-KING
DAS BUCH VOM HÖCH-
STEN WESEN UND VOM
HÖCHSTEN GUT

Erstes Buch

Erstes Kapitel

Das *Tao*, das als *Tao* bezeichnet werden kann, ist nicht das *Tao* nach seinem ewigen Ansichsein. Ein Name, der als Benennung gebraucht werden kann, ist kein Name des Dings an sich. Ein Namenloses ist der Ursprung der Substanz der Welt; ein Nennbares ist das Prinzip der Ausgestaltung der Welt. Darum: »Beständige Begierdelosigkeit« befähigt dazu, sein hehres Geheimnis zu schauen; beständige Begehrlichkeit läßt das Äußerste seiner Erscheinung sehen. Diese beiden bringen zusammen (die Welt) hervor, aber nur das eine ist benennbar. Zusammen bezeichnen wir sie als ein Unergründliches, ja als das schlechthin Unergründliche, als *alles* geheimnisvollen Hehren Ausgangsort.

Zweites Kapitel

Alle Welt erkennt die Schönheit des Schönen, damit aber auch die Häßlichkeit. Alle erkennen die Tüchtigkeit des Tüchtigen, damit aber auch die Untüchtigkeit. Darum:

Die Idee des Seins und die des Nichtseins entspringen auseinander; die Begriffe des Schweren und des Leichten ergeben sich auseinander; das Lange und das Kurze – eins führt auf die Vorstellung des andern; das Hohe und das Niedrige schlägt ineinander um. Wort und Ton – sie fordern einander; das Vor und das Nach – es folgt eins aus dem andern.

Daher beharrt der vollendete Weise beim Geschäft des *Nicht*»machens«: Er bewerkstelligt ein Lehren *ohne Worte*.

Die Wesen alle regen sich, und er versagt nicht; er bringt Leben hervor, ohne es für etwas Eigenes auszugeben, er wirkt, ohne sich's als Verdienst anzurechnen. Ist das Werk vollbracht, so tut er sich doch nichts darauf zugute.

Nur darum, weil einer sich nichts darauf zugute tut, geht es ihm nicht verloren.

Drittes Kapitel

Wenn man die Höhergebildeten nicht zu hoch stellt, bewahrt man das Volk vor Neid und Streit. Wenn man schwer zu erlangenden Gütern nicht zu hohen Wert beilegt, bewahrt man die Leute vor Raub und Diebstahl. »Wenn man nicht nach dem sieht, was begehrt werden könnte, bewahrt man das Herz vor Gärung.« Darum wirkt die Regierung des vollendeten Weisen dahin, daß das Volk sich keine unnötigen Gedanken macht, aber genügend zu essen hat, daß sein Sinn kindlich einfach bleibt, um so mehr aber seine physische Kraft erstarkt. Beständig wirkt sie darauf hin, daß das Volk unverbildet und anspruchslos sei; wirkt sie dahin, daß diejenigen, die ein Wissen haben, sich scheuen, (die Dinge) zu »machen«. Wird verzichtet auf »Machen«, so ist alles regiert.

Viertes Kapitel

Das *Tao* ist inhaltslos, und doch, wenn einer Gebrauch davon macht, wird er es wohl nicht aufbrauchen. O wie tief es ist! Es ist etwas wie der Urvater aller Dinge.
Es dämpft seine schneidige Wucht, macht seine

verwirrende Fülle klar, mildert seinen Glanz,
gleicht sich seinem Staube an.
O wie heiter und still! Es muß wohl etwas ewig
Existierendes sein! Ich weiß nicht, wessen Sohn
es ist; es ist etwas wie der Vorgänger des »Aller-
höchsten«.

Fünftes Kapitel

Himmel und Erde bezeigen nicht besonderes
Wohlwollen, sie behandeln alle Welt gleich, als
wären es lauter Strohpuppen. Der vollendete
Weise bezeigt nicht besonderes Wohlwollen; er
erweist dem einen Menschen das gleiche wie
dem andern, als handelte es sich nur um eine
Strohpuppe neben anderen.
Hat es nicht mit dem (Lebensprinzip), das Himmel und Erde in sich befassen, dieselbe
Bewandtnis wie mit einem Blasbalg?
Ist er ausgeleert, so ist er doch nicht erschöpft:
setzt man ihn in Bewegung, so kommt immer
noch mehr heraus.

Viel reden führt oft Erschöpfung herbei: besser
ist es, das Mittelmaß einzuhalten.

Sechstes Kapitel

Der »Talgeist« (die Weltseele) ist unsterblich. Er heißt das übersinnliche Weibliche.
Das, was des übersinnlichen Weiblichen Ausgangsort ist, das heißt des Himmels und der Erde Wurzel.
Endlosem Faden gleich dauert es fort; so sehr es auch in Anspruch genommen wird, arbeitet es doch nicht mühsam.

Siebentes Kapitel

Der Himmel hat Dauer, und die Erde besteht fort. Daß Himmel und Erde fortdauernd Bestand haben können, erklärt sich daraus, daß sie nicht sich selber leben; darum können sie fortdauernd bestehen. So geschieht es auch, daß der vollendete Weise sein Selbst hintanstellt und doch selbst den Vorrang bekommt; daß, während er sich selbst entäußert, doch sein Selbst sich erhält. Verdankt er es nicht seiner Selbstlosigkeit, daß er seine vollkommene Selbstbehauptung zustande bringt?

Achtes Kapitel

Wer im höchsten Grade tüchtig ist, hält es wie
das Wasser: das Wasser zeichnet sich dadurch
aus, daß es aller Welt nützt und anderem den
Platz nicht streitig macht; es setzt sich dahin, wo
die Menschen nicht wohnen mögen. Er kommt
daher auf eine Art dem *Tao* nahe.

Als Wohnstätte läßt er sich die ebene Erde gefal-
len; als richtige Gesinnung gilt ihm ein tiefes
Pflichtgefühl; beim Geben ist ihm Hauptsache
das Wohlwollen gegen andere, beim Reden die
Wahrhaftigkeit, beim Herrschen das Einstehen
für Ordnung; im Geschäft tut er sich durch
Geschicklichkeit hervor, bei Unternehmungen
ist er Meister in der Wahl des richtigen Zeit-
punkts.

Weil er anderen den Platz nicht streitig macht,
darum eben schmäht man ihn nicht.

Neuntes Kapitel

Besser ein Gefäß nicht ganz füllen, als das volle
mit zwei Händen tragen. Wird das, was schnei-
dig gemacht ist, lange probiert, behält es seine
Schärfe nicht. Füllen Gold und Edelsteine einen
Saal, kann niemand sie sicher bewahren.

Kommt zum Reichtum und Ansehen hochmütiges Wesen, so zieht dieses von selbst sein Verderben nach sich. Hat man Verdienstliches vollbracht und Ruhm erlangt, dann ist's der vom Himmel gewiesene Weg, daß die Person zurücktritt.

Zehntes Kapitel

Das Wesen des Geistes und das der Seele kann so eng zusammengeschlossen werden, daß sie eine widerspruchslose Einheit bilden. Nimmt man seine Lebensgeister in strenge Zucht und macht sie im höchsten Grad gefügig, so kann man wie ein neugeborenes Kind werden. Räumt man gründlich auf mit der durch Lüsternheit entstehenden Befleckung, so kann man's bis zur Untadelhaftigkeit bringen.

Wenn man von der Liebe zum Volk geleitet den Staat regiert, kann man (erreichen, was man will), ohne es zu »machen«. Man kann (dann auch), ob der Himmel sich auftut oder verschlossen bleibt, still sitzen wie das Vogelweibchen (im Neste); kann hell und klar nach allen Seiten die Dinge durchschauen ohne gelehrtes Wissen.

Schöpferisch wirken und zugleich der Erhalter sein: schaffen und nichts für sich beanspru-

chen, wirken und sich nichts darauf zugute tun,
überlegen sein und doch keine Herrschaft aus-
üben, das heißt Tugend im tieferen Sinn.

Elftes Kapitel

Dreißig Speichen kommen in einer Nabe zusammen; aber nur dadurch, daß diese ein leeres
Innere hat, wird es möglich, den Wagen zu
gebrauchen. Man mischt Erde mit Wasser zu
Ton und macht Gefäße daraus; aber nur der
leere Raum der Gefäße macht sie brauchbar.
Man bricht Türen und Fenster in die Wand, um
ein Haus herzustellen; aber nur, weil sie etwas
Leeres sind, ist das Haus zu brauchen. So dient
also das Stoffliche dazu, etwas Nutzbares zu
schaffen, das Unstoffliche, den Gebrauch zu
ermöglichen.

Zwölftes Kapitel

Die fünf Farben machen das menschliche Auge
blind, die fünf Töne machen das menschliche
Ohr taub, die fünf Geschmäcke machen den
menschlichen Gaumen stumpf; Rennsport und
Jägerei steigern den Menschen zu unsinniger
Leidenschaft, schwer zu erlangende Schätze

verleiten den Menschen zu unheilvollem Tun.

Deshalb sorgt der vollendete Weise ganz und gar für sein Inneres und sorgt nicht für die äußeren Sinne. Darum entschlägt er sich des einen und ergreift das andere.

Dreizehntes Kapitel

»Gnade so gut wie Ungnade ist so viel, als in Angst sein. Hohe Würde ist keine geringere Plage als die Leibesbürde.« – Was will das sagen: »Gnade so gut wie Ungnade ist so viel, als in Angst sein«? Gnade hat etwas Erniedrigendes: hat man sie erlangt, ist man in Angst versetzt; hat man sie verloren, gerät man in Angst. Das besagt (der Spruch): »Gnade so gut wie Ungnade ist so viel, als in Angst sein«. Was bedeutet (das Wort): »Hohe Würde ist keine geringere Plage als die Leibesbürde«? Daß wir *schwer* geplagt sind, kommt daher, daß wir einen Leib haben. Sind wir einmal des Leibes ledig, was soll uns dann noch plagen?

Darum wer – hochgeehrt – in seiner Person das Reich sieht, dem kann das Reich anvertraut werden; wer – geliebt – in seiner Person das

Reich sieht, kann mit der Sorge für das Reich betraut werden.

Vierzehntes Kapitel

Man blickt nach ihm und bekommt es nicht zu sehen: man nennt es das Ununterscheidbare. Man lauscht darauf und bekommt es nicht zu hören: man nennt es das Unvernehmliche. Man greift danach und bekommt es nicht: man nennt es das Unstoffliche. Diese drei (Eigenschaften) können nicht (je für sich) ausgeforscht werden; daher werden sie ineinander gelassen, so daß sie (zusammen) ein und dasselbe bezeichnen. Nach seiner höheren Seite ist es nicht hell, nach seiner niederen Seite ist es nicht dunkel. In vollem Umfang kann es nicht benannt werden: es ist zuletzt immer wieder reines Sein. Es wird des Gestaltlosen *Gestalt*, des Bildlosen *Bild* genannt, unbegreiflich und geheimnisvoll geheißen. Geht man ihm entgegen, bekommt man nicht seinen Anfang zu sehen; folgt man ihm nach, sieht man nicht sein Ende. Hält man sich an des *Altertums* Recht und Brauch, um der Gegenwart Richtung und Gesetz zu geben, so zwar, daß man zu erkennen vermag, was das *Uranfängliche* im Altertum ist, so heißt das die Gewebekette des *Tao* (zurichten).

Fünfzehntes Kapitel

Die tüchtigen Männer des Altertums, die sich als Meister erwiesen, waren fein, geistig, tiefsinnig, scharfblickend; weil tief, konnten sie nicht verstanden werden. Weil sie nun nicht verstanden werden konnten, will ich mich bemühen, ihre Erscheinung zu charakterisieren. Wie behutsam sie waren! – gleich einem, der im Winter einen Fluß überschreitet; wie bedächtig! – gleich einem, der nach allen Seiten seine Nachbarschaft fürchtet; wie zurückhaltend! – gleich einem, der zu Gast ist; wie nachgebend! – gleich dem Eis, das schmelzen will; wie wenig vorstellend! – unbearbeitetem Holze gleich; – wie leer! – einer Talmulde vergleichbar; wie dunkel! – trübem Wasser gleich.
Wer versteht das Trübe zu behandeln? Dadurch, daß man es zur Ruhe kommen läßt, wird es allmählich geklärt. Wer weiß das Untätige zu behandeln? Dadurch, daß man ihm gehörig Zeit läßt, wird allmählich Leben hineingebracht.
Wer sich dieses *Tao* bewahrt, hat kein Verlangen, alles mögliche in sich aufzunehmen. Nur

eben weil er solcherweise nüchtern bleibt, kann er es hinnehmen, daß er altmodisch erscheint, nicht »modern« und »perfekt«.

Sechzehntes Kapitel

Wer die höchste Stufe der Selbstentäußerung erreicht hat, der bewahrt standhaft seine Ruhe. Die Wesen alle treten eines wie das andere ins Dasein, und wir sehen sie demzufolge wieder zurückgehen. Wenn die Dinge zu voller Entfaltung gelangt sind, kehrt jedes zu seinem Ursprung zurück. Zu seinem Ursprung zurückkehren heißt zur Ruhe kommen. Zur Ruhe kommen heißt seine Bestimmung erfüllt haben. Seine Bestimmung erfüllt haben heißt der ewigen Ordnung entsprechen; der ewigen Ordnung zu entsprechen wissen heißt erleuchtet sein.

Die ewige Ordnung nicht verstehen (wollen) ist Verwilderung und Verderben. Zum ewig Geordneten sich verstehen ist das Sichschickenkönnen. Sich schicken können ist aber so viel, als allen ihr Recht widerfahren lassen. Wer allen gerecht wird, der ist ein König. Wer königlichen Sinn hat, der ist wie der Himmel. Ist einer wie der Himmel, so ist er wie das *Tao*. Wer aber wie das *Tao* ist, der dauert fort: zeitlebens steht er in keiner Gefahr.

Siebzehntes Kapitel

Von den Herrschern des höheren Altertums wußten die Untertanen (nur), daß sie da seien. Ihre nächsten Nachfolger wurden geliebt und gepriesen. Deren Nachfolger wurden gefürchtet. Die Nachfolger von diesen wurden verachtet. »Ist die Treue nicht rechter Art, so wird sie mit Mißtrauen erwidert.« Wie bedachtsam es doch war – jener (Ältesten) gewichtiges Wort! Das verdienstliche Wirken war ein vollendetes, das Schaffen ein erfolgreiches. Die Bevölkerung sagte insgesamt: Wir sind ganz in unsrem Element.

Achtzehntes Kapitel

Wenn das große *Tao* abgeschafft ist, erkennt man erst recht die Menschenliebe und Rechtschaffenheit. – Wenn Schlauheit und Verschmitztheit verbannt sind, bemerkt man erst recht die große Heuchelei. – Wenn die sechserlei Blutsfreundschaft sich nicht verträgt, kommt die kindliche und elterliche Liebe erst recht zur

Beachtung. Wenn Staat und Familie sich in Unordnung und Zerrüttung befinden, wird man erst recht auf das Vorhandensein von treuen Untertanen aufmerksam.

Neunzehntes Kapitel

Entschlaget euch eurer »hohen Weisheit« und verzichtet auf eure »Klugheit«, so wird des Volkes Wohlfahrt hundertfach gewinnen. Entschlaget euch eurer »Menschenliebe« und verzichtet auf eure »Gerechtigkeit«, so wird das Volk zur Pietät und Herzlichkeit zurückkehren. Entschlaget euch eurer »Künste« und verzichtet auf eure »Verbesserungen«, so wird es keine Räuber und Banditen mehr geben. In dieser dreifachen Hinsicht gilt:
Grundsatz muß sein, daß der Schein nicht genüge! Darum machen wir Eigenschaften zur Pflicht, auf die man sich verlassen kann: man erweise sich lauter, bewahre die Einfalt, verringere den Eigennutz und bescheide sich mit seinen Wünschen.

Zwanzigstes Kapitel

Entschlägt man sich der Schulweisheit, so wird man frei von Qual.

»In welch verschiedenem Sinn läßt sich aber doch eine Frage bejahen! Wie viele Möglichkeiten liegen zwischen gut und bös! Was alle Welt in Ehrfurcht hochhält, darf man doch nicht geringschätzen!«

Unselige Verödung! Ach daß sie kein Ende nehmen will! – Die Menschheit lebt dahin in hellem Vergnügen, wie bei einem Opferfestschmaus, wie wenn man im Lenz eine Anhöhe ersteigt. Ich allein bleibe teilnahmlos; keine Spur solchen Lebens – wie beim neugeborenen Kinde, das noch nicht lächelt! Immer auf der Fahrt, wie ein Heimatloser! Die Menschen haben alle Überfluß; ich allein bin wie der Bettler auf der Straße! Ein »Schwachsinniger« bin ich, ach, ein »Wirrkopf«! Die gewöhnlichen Menschen sind gar hell; ich allein erscheine umnachtet. Die gewöhnlichen Menschen sind aufgeräumt; ich allein bin sorgenvoll. Oh, wie zerschlagen, wie ein Wrack im Meere! Umhergetrieben wie ein Ding, das nirgends hingehört! Die Menschen alle sind zu etwas nütz; ich allein bin unbeholfen wie ein Bauer. Ich allein bin anders als die Menschen. Bin ich doch ein Verehrer der »(all-)nährenden Mutter«!

Einundzwanzigstes Kapitel

Die Art und Weise, wie die große (allschaffende) »Kraft« zur Erscheinung kommt – sie entspricht ganz und gar dem *Tao*. Das Wesen des *Tao* ist etwas Geheimnisvolles, Unbegreifliches.
O wie unbegreiflich, wie geheimnisvoll! Es hat in sich (alle) Formprinzipien (des Seins); wie geheimnisvoll, wie unbegreiflich! Es hat (alle) Realprinzipien (des Seins) in sich; o wie unergründlich, wie dunkel!
In ihm ist die Substanz (der Dinge) beschlossen; diese Substanz in ihm ist das Echteste. Es ist der Sitz der Wahrheit von Urzeit her bis auf diesen Tag. Sein Name geht nicht verloren, weil es alles das ins Dasein treten läßt, was die große, weite Welt ausmacht.
Woher weiß ich denn, daß sich's mit der Welt also verhält? Durch dieses (*Tao* selbst)!

Zweiundzwanzigstes Kapitel

»Was unvollständig ist, wird völlig; was krumm, wird gerad; was leer, wird voll; was veraltet, wird neu; was unbedeutend, hat Erfolg; was viel vorstellt – täuscht!« Daher läßt

sich der vollendete Weise eines angelegen sein
und ist aller Welt Vorbild: Er betrachtet sich
selbst nicht, darum leuchtet er; er macht nichts
aus sich, darum zeichnet er sich aus; er brüstet
sich nicht, darum erwirbt er sich Verdienste; er
überhebt sich nicht, darum ragt er hervor. Weil
er nicht streitet, kann niemand im Reich mit ihm
in Streit kommen. Das Sprichwort der Alten:
»Was unvollständig ist, wird völlig« – sollte es
wahrlich ein leeres Wort sein? Wahre Vollendung ist nur Bestätigung desselben.

Dreiundzwanzigstes Kapitel

Gelassenes Reden ist das Naturgemäße: ein
Wirbelwind hält nicht den ganzen Morgen an,
ein Platzregen macht nicht den ganzen Tag fort.
Wer bewirkt diese (Naturerscheinungen)? Der
Himmel und die Erde. Himmel und Erde sogar
können's nicht auf die Länge treiben, wieviel
mehr trifft es dann beim Menschen zu!
Wer seine Sachen dem *Tao* gemäß ausrichtet,
gleicht sein Wesen dem *Tao* an; wer der Tugend
gemäß (handelt), macht Tugend zu seinem
Wesen; wer leichtsinnig (handelt), macht den
Leichtsinn zu seinem Wesen. Wer sein Wesen
dem *Tao* angleicht, den bekommt hinwiederum

das *Tao* in seine Gewalt; wer sein Wesen der Tugend angleicht, für den wird hinwiederum die Tugend eine Macht. Wer aber sein Wesen dem Leichtsinn anpaßt, über den erlangt dem entsprechend der Leichtsinn die Herrschaft. »Unzuverlässigkeit erntet Mißtrauen.«

Vierundzwanzigstes Kapitel

Wer auf den Zehen steht, steht nicht fest; wer gespreizt geht, kommt nicht voran; wer sich selbst betrachtet, der leuchtet nicht; wer mit sich selbst zufrieden ist, zeichnet sich nicht aus; wer sich brüstet, hat kein Verdienst; wer sich überhebt, ragt nicht hervor. Solches Verhalten, am *Tao* gemessen, ist sozusagen ein Speiseüberrest, ein Auswuchs – (gleicht Dingen,) die wohl jedermann zuwider sind. Darum: wer im Besitz des *Tao* ist, läßt sich nicht darauf ein.

Fünfundzwanzigstes Kapitel

»Es gibt ein Wesen, unbegreiflich und vollkommen, das vor Entstehung von Himmel und Erde da war« – so still und körperlos! – »einsam und wandellos, überall hin dringend und doch nicht in Gefahr«.

Es kann als die Mutter der Welt betrachtet werden. Ich kenne seinen Namen nicht, rede, um es zu bezeichnen, vom *Tao,* heiße es unzulänglich das Große. Groß heißt so viel als (ins Unendliche) fortgehend; fortgehend heißt so viel als in die Ferne reichend; fernst reichend heißt zurückreichend.

Das *Tao* ist groß, der Himmel ist groß, die Erde ist groß – der Kaiser ist auch groß. Viererlei Großes gibt es in der Welt, und der Kaiser bleibt eines davon.

Der Mensch ist abhängig von der Erde, die Erde ist abhängig vom Himmel, der Himmel ist abhängig vom *Tao;* das *Tao* hat sein Gesetz im eigensten Wesen.

Sechsundzwanzigstes Kapitel

Wer sich's leicht machen will, soll erst beladen gewesen sein; still auszuharren gilt's, ehe man jagt.

Daher vollbringt der edle (Fürst) sein Tagewerk also, daß er am schweren Wagen angespannt bleibt. Mag er auch schönstgelegene Villen besitzen, so bleibt er doch ruhig auf seinem Posten, freudig entsagend. Was kommt dabei heraus, wenn einer über eine Unzahl von Viergespannen gebietet, aber der Selbstsucht frönend die Regierung des Reiches leicht nimmt? Der Leichtsinn hat den Verlust der höchsten Reichsbeamten zur Folge, die Leichtfüßigkeit den Verlust der Herrschaft.

Siebenundzwanzigstes Kapitel

»Wer Meister ist im Reisen, hinterläßt keine Rad- und Fußspuren. Wer Meister ist im Reden, macht nicht allerlei Sprachfehler. Wer Meister im Rechnen ist, bedient sich nicht eines Recheninstruments. Wer Meister ist im Schließen, benützt nicht Riegel und Bolzen, und doch kann nicht geöffnet werden. Wer Meister ist im Binden, braucht nicht Knoten zu schürzen, und trotzdem kann nicht gelöst werden.«

Das gilt denn auch vom vollendeten Weisen: Stets weiß er den Menschen meisterlich zu helfen, darum gibt er keinen Menschen verloren. Stets ist er Meister darin, den Dingen aufzuhelfen, darum gibt er keine Sache verloren. Das heißt doppelt zur Leuchte werden.

Der zur Meisterschaft Gelangte ist der Patron des nicht Meister Gewordenen; derjenige, der nicht die Meisterschaft erlangt hat, ist der Pflegling des Meisters. Seinen Patron nicht in Ehren halten, seinen Pflegebefohlenen nicht liebhaben, ist Verblendung, man mag im übrigen noch so gescheit sein.

Ein »wichtiges Geheimnis« liegt hierin ausgesprochen.

Achtundzwanzigstes Kapitel

»Wenn einer sich seiner männlichen Art bewußt ist und doch den weiblichen Zug sich bewahrt, so ist er des Reiches Bachtal. Ist er des Reiches Bachtal, so werden die Kardinaltugenden nicht aufgegeben; man kehrt wieder zur Kindlichkeit zurück.

Ist es ihm bewußt, daß er sich hervorgetan hat,

und sucht er doch seine Unscheinbarkeit zu bewahren, so ist er aller Welt Vorbild. Ist er aller Welt Vorbild, dann sind die Kardinaltugenden keinem Wandel unterworfen; man kehrt wieder zur Bescheidenheit zurück.

Kennt er seine Vorzüge, läßt aber ruhig sich mißkennen, so ist er des Reiches Strombett. Wenn er des Reiches Strombett ist, dann ist's mit den Kardinaltugenden recht bestellt; man wird wieder wie Naturholz.«

Das Naturholz wird in Späne gehauen und gibt dann Werkzeuge ab. Der vollendete Weise wird, wenn er sich dem unterzogen hat, der vorzüglichste der Beamten. Weil er das ist, ist seine Regierungsweise großzügig; er verletzt nicht.

Neunundzwanzigstes Kapitel

Trachtet einer danach, die Reichsgewalt an sich zu bringen, und will es aber »machen«, so wissen wir aus Erfahrung, daß er nichts ausrichtet. Das Reich ist ein geistbeseelter Organismus; man kann es nicht »machen«; wer's »macht«, der zerstört es, wer sich daran vergreift, der verliert es. Darum (heißt es):

Bald geht etwas voran, bald kommt es hinterher; bald haucht etwas nur, bald bläst es; bald ist etwas gewaltig und bald ist es kraftlos; bald türmt sich etwas auf, bald sinkt es in Trümmer. Deshalb hütet sich der vollendete Weise davor, daß er sich zu viel herausnimmt, hütet er sich vor Ausschreitung, hütet er sich vor Überhebung.

Dreißigstes Kapitel

Wer dem *Tao* gemäß dem Kaiser zur Seite steht, der vergewaltigt das Reich nicht durch Waffen. Sein Verfahren mit anderen wendet sich gern gegen ihn selbst! Wo Kriegsvölker gehaust haben, da wächst Dorngesträuch. Im Gefolge großer Heereszüge stellen sich unvermeidlich Notjahre ein. Der Brave erkämpft einen entscheidenden Sieg und läßt es dabei sich bewenden: er scheut sich davor, etwas an sich zu reißen und seiner Gewalt zu unterwerfen. Er erkämpft seinen Sieg und bildet sich nichts darauf ein; er brüstet sich mit seiner Siegestat nicht und wird durch seinen Sieg nicht übermütig. Er kämpft und siegt, weil es unerläßlich ist, kämpft und siegt, ohne den Helden zu spielen. Wenn etwas seine Kraft entfaltet hat, dann altert es; das heißt dem *Tao* nicht entsprechen.

Was dem *Tao* nicht entspricht, nimmt bald ein Ende.

Einunddreißigstes Kapitel

Die schönsten Kriegswaffen sind doch unheilvolle Werkzeuge, wohl allerseits verhaßt. Darum gibt sich derjenige, der das *Tao* innehat, nicht damit ab.

Wann er genötigt ist, Gebrauch davon zu machen, so ist doch Frieden und Ruhe sein höchster Wunsch. Siegt er, so ist es ihm nicht um Bewunderung zu tun. Wer etwas Bewundernswertes darin findet, dem macht der Menschenmord Vergnügen. Wenn einem das Hinschlachten von Menschen ein Vergnügen ist, so kann er nicht – sollte man denken – das erreichen, was zum Besten des Reichs erstrebt wird. Hat einer massenhaft Menschen umgebracht, so soll er sie mitleidsvoll leidtragend still beweinen: der Sieger im Kriege gehört dahin, wo nach der Sitte die Trauernden stehen.

Zweiunddreißigstes Kapitel

Das *Tao* ist in seiner Eigenschaft als Ewiges unnennbar. Obgleich es seinem Wesen nach eine verschwindende Größe ist, ist doch die Menschheit seinem Dienst nicht gewachsen. Wenn die Fürsten und Könige imstande wären, seine Hüter zu sein, so würden sich alle Wesen von selbst ihnen unterwerfen. Himmel und Erde würden sich vereinigen, erquickenden Tau herabfallen zu lassen; das Volk würde von selbst, ohne daß es ihm jemand befiehlt, sich geordnet verhalten. Sobald es (– das *Tao* –) zu schaffen und zu ordnen beginnt, hat es einen Namen. Ist aber sein Name wirklich einmal da, so wird man es wohl auch erkennen und dabei beharren. Durch solches Erkennen und Beharren gelangt man dahin, daß man aller Gefahr entnommen wird. Die Art und Weise, wie das *Tao* in der Welt ist, läßt sich der Bedeutung der Bachtäler für die Ströme und Meere vergleichen.

Dreiunddreißigstes Kapitel

Wer Menschenkenntnis hat, ist klug; wer Selbsterkenntnis hat, ist erleuchtet. Wer andere bezwingt, ist stark; wer sich selbst bezwingt, ist ein Held. Wer sich zu bescheiden weiß, ist reich. Wer mit Selbstüberwindung handelt, hat Willensstärke. Wer seinen Posten nicht im Stich läßt, der hat Dauer. Wer das Leben verliert, ohne verkommen zu sein, der lebt lange.

Vierunddreißigstes Kapitel

Das große *Tao!* Welch segenskräftiger Strom allüberall! Alle Wesen haben den Ruf ins Dasein von ihm zu erwarten, und es versagt nicht. Ist dies Werk vollbracht, macht es sich kein Verdienst daraus! Es liebt und versorgt alle Kreatur und läßt sie nicht seine Herrschaft fühlen. Ewig anspruchslos, wie es ist, kann es das Kleinste unter dem Kleinen genannt werden. Alle Wesen kehren zu ihm zurück, und es verhält sich nicht herrisch. So gebührt ihm der Name des Größten unter dem Großen.
Weil demgemäß der vollendete Weise nie und nimmer den Großen spielen will, ebendeshalb ist er im stand, seine wahre Größe zu erreichen.

Fünfunddreißigstes Kapitel

Wenn einer das »große Bild« (– urbildliches *Tao* –) anderen vorhält, läuft alle Welt ihm zu; sie laufen und haben keinen Schaden davon: sie finden Ruhe, kommen ins Gleichgewicht, fühlen sich gehoben.
Wo Musik und ein leckeres Mahl zu haben ist, hält der vorbeikommende Fremde (gerne) Einkehr. Verlautet aber etwas vom *Tao*, – »o wie fad! o wie abgeschmackt!«
(Man möchte) es (– das *Tao* –) sehen, aber es entzieht sich dem Gesicht; es erlauschen, aber es entzieht sich dem Gehör. Und doch wer von ihm Gebrauch macht, der findet es unerschöpflich.

Sechsunddreißigstes Kapitel

Was einschrumpfen will, muß sicherlich sich entfaltet haben; was schwach werden will, muß sicherlich stark geworden sein; was einstürzen will, muß sicherlich in die Höhe gekommen sein; was sich entreißen will, muß sicherlich an den Mann gekommen sein. Das heißt Beleuchtung einer *verborgenen* Wahrheit:
Das Weiche gewinnt es über das *Harte*, das Schwache überwindet das *Starke!*

Den Fisch darf man nicht aus der Tiefe des
Wassers herausnehmen; ebensowenig soll man
die Leute mit den schneidigen Gewaltmitteln
des Staates bekannt machen.

Siebenunddreißigstes Kapitel

Das *Tao* macht sich ewig kein Geschäft und
schafft doch unaufhörlich. Wenn die Könige
und Fürsten seine Hüter zu sein vermöchten, so
würde die Welt aus innerem Trieb anders werden. Würden sie aber reformieren und etwas
äußerlich zu machen begehren, so wollte ich
das Meinige tun, um sie kraft der Einfalt des
Unnennbaren niederzuhalten. Die Einfalt des
Unnennbaren bringt auch Begierdelosigkeit mit
sich; die Begierdelosigkeit führt zur Gemüts-
ruhe, und so wird die Welt von innen heraus
zurechtgebracht werden.

Zweites Buch

Achtunddreißigstes Kapitel

Die höhere (rein durch das *Tao* bestimmte) Tugend ist nicht »Tugend«, darum ist sie wahrhaft Tugend. Die Tugend zweiten Grads (das gewöhnliche Sittlichkeitsideal) will immer Tugend *sein*, darum ist sie nicht im vollen Sinn Tugend. Die höhere Tugend besteht nicht in Werktätigkeit und hat keinen äußeren Beweggrund. Die Tugend zweiten Grads geht mit Werken um und bezweckt etwas. Die Humanität vollbringt Werke, ohne einen eigenen Vorteil zu suchen. Die Rechtlichkeit betätigt sich, geht aber aufs eigene Interesse aus. Der gesellige Anstand heischt Geltung, und wenn keiner sich fügen will, so entblößt er den Arm und räumt aus dem Weg. Daher: Ist man um das *Tao* gekommen, so bleibt noch die »Tugend« (im gewöhnlichen Vollsinn). Hat man die Tugend eingebüßt, so bleibt noch die Humanität. Hat man die Humanität eingebüßt, so bleibt die Rechtlichkeit. Ist man von der Rechtlichkeit abgekommen, so bleibt noch der äußere Anstand. Der Anstand erweckt nur den Schein von Redlichkeit und Treue, er ist aber der Anfang des Zerfalls. Das Sichauskennen in den äußerlichen Formen ist zwar ein Blütenansatz des *Tao*, aber auch der Anfang der Unvernunft. Was daher ein rechter, großangelegter Mann ist, der findet seine Genüge im vollen Ganzen, nicht im scheinbaren Ansatz dessen, was sein soll; er hat es auf die Frucht davon abgesehen, nicht auf die Blüte. Er läßt also das eine und ergreift das andere.

Neununddreißigstes Kapitel

Was es für eine Bewandtnis damit hat, daß die Dinge von alters teilhaben am Einen (am *Tao*):
Der Himmel ist kraft des Einen rein; die Erde erhält sich kraft des Einen in ruhiger Lage; die Geister verdanken dem Einen ihre übernatürliche Kraft; das Flußbett verdankt dem Einen, daß es sich füllt; die Myriaden Wesen verdanken dem Einen ihre Entstehung; die Fürsten und Könige verdanken dem Einen die Fähigkeit, das Reich in Ordnung zu erhalten – daß sie es vollbringen können, liegt gewißlich am Einen. Wenn der Himmel nicht hätte, was ihn

rein macht, so würde er wohl zergehen; wenn die Erde nicht hätte, was sie zu ihrer Ruhe bedarf, so würde sie wohl fortgerissen; wenn die Geister nicht hätten, was ihnen übernatürliche Kraft verleiht, so würden sie wohl ermatten; wenn das Flußbett nicht hätte, was es voll werden läßt, so würde es wohl austrocknen; wenn die Myriaden Wesen nicht hätten, was sie entstehen läßt, würden sie wohl aussterben; wenn die Fürsten und Könige nicht hätten, was sie die Ordnung aufrechterhalten läßt, würden sie wohl gestürzt werden.

(Mit Recht) also achtet das, was in Ehren gehalten wird, das Unansehnliche als seinen Ursprung; achtet, was hoch steht, das Niedrige als sein Fundament. Deshalb nennen die Fürsten und Könige sich selbst »Waisenknabe«, »Wenigkeit«, »Taugenichts«. Sie begehren nicht wie ein feingeschliffener Edelstein, zu glänzen, sondern lassen sich herab, daß sie Gesteine gleichen.

Vierzigstes Kapitel

Man kommt zurück, wenn man vom *Tao* sich treiben läßt; man wird schwach, wenn man mit dem *Tao* sich stärkt.
Alle Dinge in der Welt entspringen aus dem Seienden; das Seiende entspringt aus dem Nichtseienden (– dem Ur*tao*).

Einundvierzigstes Kapitel

Die vorzüglichsten Gebildeten geben sich, wenn sie vom *Tao* gehört haben, alle Mühe und handeln danach. Der Mittelschlag der Gebildeten, hört er vom *Tao*, bewahrt es bald, bald läßt er es außer acht. Die am niedersten zu stellenden Gebildeten lachen, wenn sie vom *Tao* hören, laut darüber; würden sie nicht darüber lachen, so müßte man zweifeln, ob es wirklich das *Tao* ist. Darum heißt es in der Spruchdichtung:
Wer im Sinn des *Tao* erleuchtet ist, gilt als umnachtet; wer im *Tao* fortgeschritten, scheint zurückgekommen; wer dem *Tao* sich angeglichen hat, wird zu den Unbedeutenden gezählt.
Wer am höchsten steht in der Tugend, soll sich tief erniedrigt haben; wer sich durch fleckenlose

Reinheit hervortut, soll schweren Tadel verdie-
nen; wer vielseitigste Tüchtigkeit besitzt, soll
unzulänglich sein.

Wer festen Charakters ist, der soll leichtfertig
sein; wer von bewährter Treue, unzuverlässig; –
ein großes Quadrat, das keine Winkel hat;
ein großes Gefäß, das zu spät erst fertig wird;
ein großer Spruch, der unvernehmlich lautet;
ein großes Bild ohne bestimmte Züge.

Das *Tao* ist etwas Verborgenes, mit keinem
Namen zu Bezeichnendes. Nur: das *Tao* ver-
steht am *besten* zu begaben – und dazu auch zur
Vollendung zu führen.

Zweiundvierzigstes Kapitel

Das *Tao* erzeugt das Eine; das Eine erzeugt die
Zweiheit; die Zweiheit erzeugt die Dreiheit; die
Dreiheit erzeugt die Gesamtheit der Wesen. Die
Gesamtheit der Wesen trägt an sich das dunkle
Element (*yīn*) und hegt in sich das lichte Ele-
ment (*yāng*); ein *bloßer Hauch* dient als vereini-
gende Potenz. Was die Menschen hassen, das
ist die Rolle des Verwaisten, des wenig Beachte-
ten, des Untauglichen; und doch erachten dies
Könige und Herzöge als Selbstbezeichnung.
Darum: »Bald wird etwas weniger und nimmt

doch zu; bald nimmt etwas zu und wird doch weniger«. Was dieses Sprichwort lehrt, ist auch meine eigene Lehre. (Es heißt auch:) »Gewalttätige und Trotzige bringen es nicht dahin, daß sie eines natürlichen Todes sterben«. Ich meinesteils will das als meine Grundlehre betrachten.

Dreiundvierzigstes Kapitel

Das Weichste in der Welt gewinnt es über das Härteste in der Welt; das Nichtstoffliche dringt ein in das undurchlässig Feste. Daran erkenne ich die vorteilhafte Wirkung des Nicht-»machens«. Lehren ohne Worte, Erfolg haben, ohne etwas zu »machen« – dazu bringen es nur wenige in der Welt.

Vierundvierzigstes Kapitel

Liegt der Name oder die Person dem Herzen näher an? Gilt einem die Person oder die Habe mehr? Was ist der größere Schaden: sich selbst *behaupten* oder sich selbst *verlieren?* Darum:
Wer leidenschaftlich Liebhabereien nachhängt, läßt sich's unvermeidlich zuviel kosten; wer zu viel Schätze sammelt, den trifft unvermeidlich

schwerer Verlust. Wer sich zu begnügen weiß, bleibt ungeschmäht; wer an sich zu halten versteht, läuft nicht Gefahr – kann es zu *langem* Leben bringen.

Fünfundvierzigstes Kapitel

Betrachtet sich der in hohem Grad Vollkommene als unzulänglich, so erhält sich seine Leistungsfähigkeit in jugendlicher Frische. Wer, ganz erfüllt, sich leer däucht, dessen Leistungsfähigkeit erschöpft sich nicht; wenn einer bei größter Geradheit sich verbogen, bei höchster Meisterschaft ungeschickt, bei größter Beredsamkeit wie ein Stotternder vorkommt. –
Tüchtige Bewegung überwindet Frostgefühl, Ruhe überwindet Hitze. –
Reinheit und (Seelen-)Ruhe ist das, was die Welt zurechtbringt.

Sechsundvierzigstes Kapitel

Wenn die Reichsbevölkerung im Besitz des *Tao* ist, holt man die Traber zum Dung(führen) zurück. Ist man ohne *Tao* im Reich, so vermehren sich die Kriegsrosse an den Landesgrenzen.

Nichts ist frevelhafter, als dem Gelüste Raum zu geben; nichts unheilvoller, als keine Genüge zu kennen; nichts verruchter, als (immer noch mehr) an sich bringen zu wollen.
Darum: Wer sich zufrieden zu geben *versteht*, der ist *immer* zufrieden.

Siebenundvierzigstes Kapitel

Ohne vor die Haustüre getreten zu sein, kann man das Wesen der Welt erkennen. Ohne daß man durchs Fenster geguckt hat, läßt sich die Weltordnung erschauen. Je mehr sich einer in die Außenwelt verliert, desto mehr geht seine Erkenntnis ein. Daher: Der vollendete Weise gelangt ans Ziel ohne Wanderschaft, trifft den Namen ohne Augenschein, bringt etwas zustande ohne Machenschaft.

Achtundvierzigstes Kapitel

Wer sich mit dem »Studium« befaßt, legt täglich zu; wer sich mit dem *Tao* befaßt, nimmt täglich ab; – er nimmt immer mehr ab, bis er beim Nichts-»*machen*« anlangt. »Macht« er nichts, so ist er doch nicht ohne Wirken. Wenn es ihm gelingt, die Reichsbevölkerung für sich einzunehmen, so geschieht dies immer, weil er sich kein Geschäft daraus gemacht hat. Wenn einer ein Geschäft daraus macht, ist er nicht geschickt dazu, das Reich für sich einzunehmen.

Neunundvierzigstes Kapitel

Der vollendete Weise ist nicht unbeugsam streng; er denkt und fühlt mit seinem Volk.
Wer gut ist, den behandle ich meinerseits gut; wer nicht gut ist, den behandle ich gleichfalls gut, Tugend ist Güte! Gegen den Aufrichtigen bin ich aufrichtig; gegen den Nichtaufrichtigen bin ich gleichfalls aufrichtig. Tugend ist Aufrichtigkeit!
Der vollendete Weise ist, solange er in der Welt verkehrt, ängstlich bemüht, im Interesse des gesamten Volks gegen den einen wie gegen den andern gleich gesinnt zu sein. Die ganze Bevölkerung richtet ihr Ohr und Auge auf ihn, und der vollendete Weise behandelt sie insgesamt als (seine) Kinder.

Fünfzigstes Kapitel

Das Hervorgehen zum Leben ist (schon auch)
der Eingang zum Sterben. Des Menschen Leben
treibt ihn vorwärts. Woher kommt das? Weil
sein Leben ein Mißbrauch des Lebens ist. Denn
wir hören: »Wer das Leben recht zu erfassen
weiß, durchreist die Lande, ohne vor dem Nashorn oder dem Tiger zu fliehen, begibt sich
unter feindliche Heerscharen hinein, ohne Panzer und Waffen anzulegen. Das Nashorn trifft
keine Stelle, wo es sein Horn hineinstoßen, der
Tiger keine Stelle, wo er seine Krallen hinein-
schlagen kann. Die Waffe kann nirgends ihre
Spitze eindringen lassen.« Woher kommt das
denn? Weil er keine Angriffsstelle für den *Tod*
hat.

Einundfünfzigstes Kapitel

Als *Tao* läßt es sie hervorgehen, als die »Kraft«
erhält es sie; Körperlichkeit verleihend gibt es
ihnen Gestalt; mit Fähigkeiten ausrüstend ver-
vollkommnet es sie. Darum ist unter allen
Wesen keines, das nicht dem *Tao* huldigt und
die »Kraft« verehrt. Und diese dem *Tao* darge-
brachte Huldigung und der »Kraft« erwiesene
Verehrung – niemand befiehlt sie; sie ist viel-

mehr stets freiwillig. Darum: »Das *Tao* bringt sie hervor und erhält sie, macht sie gedeihen und erstarken, läßt sie völlig und reif werden, versorgt und schirmt sie.«

Hervorbringen und nichts für *sich* haben wollen; schaffen und sich nichts darauf zugute tun; zu etwas Rechtem machen und nicht darüber verfügen: das heißt tiefgründigste Tugend.

Zweiundfünfzigstes Kapitel

Die Welt hat einen Urgrund; er wird als die »Mutter« der Welt angesehen. Wer seine »Mutter« gefunden hat, kennt damit auch seine Kindschaft. Hat man seine Kindschaft erkannt und hält hinwiederum treu zu seiner »Mutter«, so ist man bis ans Ende seines Leibeslebens ungefährdet. Versperrt man seine Eingänge, verschließt man seine Ausgänge, so hat man sich das ganze Leibesleben hindurch nicht abzuquälen. Öffnet man seine Eingänge und steigert man seine Geschäftigkeit, so ist man das ganze Leben hindurch (der Qual) preisgegeben.

Ein Auge haben für das Unscheinbare, heißt erleuchtet sein; das Wesen des Zarten sich bewahren, heißt ein Held sein.

Nützt man seine Lichtquelle (das *Tao*) und wendet sich immer wieder zu ihrem Glanz zurück, so hat man nichts zu verlieren, wenn das Leibesleben zugrund geht. Das heißt ins Ewige eingehen.

Dreiundfünfzigstes Kapitel

Wenn wir auch nur ein wenig Einsicht hätten, so würden wir dem großen *Tao* nachwandeln, daß nur *volle* Darbietung unsre ängstliche Sorge wäre. Das große *Tao* ist überaus schlicht. Aber das Volk liebt (unebene) Nebenwege. Die Paläste sind über die Maßen prunkhaft, die Felder desto ärger verwildert, die Speicher desto vollständiger geleert. Elegante bunte Gewänder anziehen, scharfe Schwerter sich *um*gürten, sich im Essen und Trinken der Völlerei hingeben – Güter und Schätze im Überfluß! –: das heißt Räuber sein und damit prahlen; mit dem *Tao* hat das wahrlich nichts zu schaffen!

Vierundfünfzigstes Kapitel

Wenn einer (das, was er errichtet,) auf festen Grund zu stellen versteht, so wird es nicht umgestürzt; wenn einer (was er hat) fest zusammenzuhalten versteht, so wird es nicht entrissen. Kinder und Enkel verehren (ihn) ohne Unterlaß mit Opfern.

Pflegt er es in sich selbst, dann ist seine Tugend rechter Art; pflegt er es in der Familie, so ist seine Tugend reichlich; pflegt er es in der Ortsgemeinde, dann ist seine Tugend hervorragend; pflegt er es im Lande, so ist seine Tugend ein Segensstrom; pflegt er es im Reich, so ist seine Tugend ein Allerweltssegen.

An der Person ist eine Person zu prüfen; an der Familie ist eine Familie zu prüfen; an der Ortschaft ist eine Ortschaft zu prüfen; am Land ist ein Land zu prüfen; am Reich ist das Reich zu prüfen. Woran erkenne ich aber, daß das Reich so beschaffen ist? Eben hieran!

Fünfundfünfzigstes Kapitel

Wer der Tugend Vollkraft in sich hat, gleicht dem neugeborenen Kinde, für das keine giftigen Insekten vorhanden sind, die es stechen, keine reißenden Tiere, die es packen, keine Raubvögel, die darauf stoßen. Die Knochen sind weich, die Sehnen schwach, und doch greift es fest zu. Es weiß noch nichts von der Verbindung der Geschlechter, und doch regt sich das Gemächt, weil die Naturkraft wirksam ist. Den ganzen Tag schreit es, und doch wird die Kehle nicht heiser: so weitgehend ist die Harmonie.

Auf das, was in Harmonie erhält, sich verstehen heißt ewigen Bestand haben; erkannt haben, was ewigen Bestand verleiht, heißt erleuchtet sein. Gehäufter Lebensgenuß bedeutet Unseligkeit; das Triebleben in der Seele steigern heißt sich bezwingen lassen.

Wenn etwas seine Kraft entfaltet hat, dann altert es: das heißt dem *Tao* nicht entsprechen. Was dem *Tao* nicht entspricht, nimmt bald ein Ende.

Sechsundfünfzigstes Kapitel

Wer Kenner (des *Tao*) ist, macht nicht Worte;
wer Worte macht, der ist nicht Kenner.
»Er versperrt seine Eingänge, verschließt seine
Ausgänge.«
»Er dämpft seine schneidige Wucht, macht
seine verwirrende Fülle klar, mildert seinen
Glanz, gleicht sich seinem Staube an.«
Das heißt geheimnisvolle Verähnlichung (mit
dem *Tao*).
Er läßt sich nicht bestimmen durch Verwandt-
schaft, sich nicht bestimmen durch das Fehlen
näherer Beziehungen; er läßt sich nicht durch
seinen Vorteil bestimmen, sich nicht bestimmen durch seinen Schaden; er läßt sich nicht
durch Ehre bestimmen, sich nicht bestimmen
durch Mißachtung. Darum ist er der ehrenwerteste (Mann) in der Welt.

Siebenundfünfzigstes Kapitel

Mit Ordnungsmaßregeln regiert man den Staat;
mit listigen Anschlägen führt man Krieg. Gilt es
aber die Reichsbevölkerung für sich einzunehmen, so tut's keine Veranstaltung. Woran
erkenne ich, daß sich's mit der Bevölkerung des

Reichs so verhält? An folgendem: Je mehr
untersagt und verboten ist im Reich, desto mehr
verarmt das Volk. Je mehr beim Volk scharfe
Mittel Anwendung finden, desto mehr gärt es
im Staate. Je künstlicher und erfinderischer die
Behandlung des Volkes ist, desto unglaub-
lichere Schliche kommen auf. Je mehr Gesetze
und Verordnungen publiziert werden, um so
mehr Räuber und Diebe hat es. Darum hat ein
vollendeter Weiser gesagt: *Ich* »mache« nichts,
so wird das Volk von selbst anders; ich verhalte
mich am liebsten ruhig, so fügt sich das Volk
von selbst der Ordnung; ich mache keine
Geschäfte, so wird das Volk von selbst wohlha-
bend; ich halte mich frei von Begehrlichkeit, so
wird das Volk von selbst einfach.

Achtundfünfzigstes Kapitel

Wessen Regierung sich nicht zu viel zu schaffen
macht, dessen Volk gedeiht; wessen Regierung
Vorsehung spielt, dessen Volk läßt in allen
Stücken nach.
– Das Unglück ist ja in der Tat des Glückes
Unterlage; das Glück ist's ja, hinter dem das
Unglück lauert. –
Wer weiß, wozu es noch kommen wird? – daß

die Leute am Ende unverbesserlich werden?!
Die Rechtschaffenen können ja wieder verkehrt
werden, die guten Elemente ausarten. Die Zeit
der Verblendung des Volkes will fürwahr kein
Ende nehmen.
Der vollendete Weise hat zwar seine Kanten,
aber er verletzt nicht; er hat seine Ecken, aber er
verwundet nicht; er geht gerade (aufs Ziel) los,
aber er bleibt in den Schranken; er leuchtet, aber
er blendet nicht.

Neunundfünfzigstes Kapitel

Beim Regieren, womit man dem *Himmel* dient,
ist nichts so wichtig wie die Beschaffung des
nötigen Vorrats. Nur den Vorrat beschaffen –
das heißt die vornehmste Sorge. Unter dieser
vornehmsten Sorge verstehe ich ein reichliches
Aufspeichern von Kräften (aus dem *Tao*). Speichert einer reichlich Kräfte auf, so gibt es für ihn
nichts, was über sein Vermögen geht. Geht
nichts über sein Vermögen, so weiß niemand
etwas, was man ihm nicht zutrauen könnte.
Kann man ihm auch das Höchste zutrauen, so
ist er imstande, jedermann im Staat für sich
einzunehmen. Hat er aber das in sich, was des
Reiches Mutter ist (dem ganzen Volks- und

Staatswesen Leben gibt), so hat er die Kraft langer Dauer. *Das* heißt: tief Wurzel schlagen, fest eingegründet werden – der Weg zu langem Leben und dauerndem Ansehen.

Sechzigstes Kapitel

Wer einen großen Staat regiert, muß verfahren wie der, welcher kleine Fische kocht. Wenn man das Reich dem *Tao* gemäß verwaltet, so geistern seine Manen nicht. Nicht, daß seine Manen ihre geistige Macht nicht offenbaren, sondern daß ihr Geistern die Menschen nicht schädigt. Daraus: Zu Tüchtigkeit bringt es nur derjenige, der (immer wieder aufs *Tao*) zurückkommt.

Einundsechzigstes Kapitel

Was einen Staat (im Reich) groß macht, ist das, daß er das unterste Stromgebiet ausmacht, daß er der Zusammenhalt des ganzen Reiches ist, daß er im Reich die Rolle des Weibes spielt. Das Weib wird stets dadurch, daß es ruhig sich fügt, Meister über den Mann: durch Fügsamkeit begibt es sich aber hinunter. Darum: Wenn der

Großstaat sich den Kleinstaaten unterordnet, so gewinnt er die Kleinstaaten für sich, wie die Kleinstaaten durch Unterordnung unter den Großstaat den Großstaat für sich gewinnen. Darum: »Die einen ordnen sich unter, um (andere für sich) zu gewinnen; die anderen ordnen sich unter, weil sie selbst gewonnen werden«. Eines Großstaats höchstes Bestreben geht dahin, die Menschheit (im Reich) in ihrer Gesamtheit zu versorgen; das höchste Bestreben des Kleinstaats ist, am Dienst der Menschheit sich zu beteiligen. Sollen diese beiden, eins wie das andere, erreichen, was sie anstreben, so muß das Große sich herablassen.

Zweiundsechzigstes Kapitel

Das *Tao* ist die heimatliche Zuflucht aller Wesen, der guten Menschen Schatz, der Bösen *rettender* Schutz.
Hochsinnige Worte können einen Menschen herumbringen, ein ehrenfester Wandel kann ihm noch weiterer Antrieb sein. Wie sollte man also, wenn die Menschen nicht rechtschaffen sind, sie verloren geben dürfen! Darum setzte man einen Kaiser ein [er schuf das Amt der drei höchsten Räte]. Mag er auch (Beamte) um sich

haben, die die Nephritplatten sich vorhalten und vierspännig einherfahren, so liegt daran doch nicht so viel, wie daß er unablässig in diesem *Tao* fortschreitet. Was war es denn, dessentwegen die Alten dieses *Tao* so hoch in Ehren hielten? Geschah es nicht deshalb, weil man, wenn einer täglich sich darum umtut, seiner habhaft werden kann, und zwar so, daß die Schuldbehafteten ihre Schuld los werden? Darum ist es das *höchste Gut* der Welt!

Dreiundsechzigstes Kapitel

Es gilt zu wirken, als wirkte man nicht, zu schaffen, als schaffte man nicht, zu genießen, als genösse man nicht; das Kleine als etwas Großes zu behandeln, im Wenigen vieles zu erkennen, Feindseligkeit mit Wohlwollen zu vergelten, Schweres zu unternehmen, solange es noch leicht ist, Großes ins Werk zu setzen, solange es noch klein ist. Die schwierigsten Sachen in der Welt beginnen ja mit etwas Leichtem; die größten Dinge der Welt beginnen ja mit etwas Kleinem. Darum tut der vollendete Weise zeitlebens nicht groß; deshalb ist er imstande, in seinem Teil etwas Großes zu vollbringen. Wer leichthin etwas verspricht, bietet sicherlich wenig Verlaß. Wer vieles leicht nimmt, schafft sich sicherlich viele Schwierigkeiten. Darum faßt der vollendete Weise eine Sache so an, wie wenn sie schwer wäre; deshalb gibt es überhaupt nichts, was ihm zu schwer würde.

Vierundsechzigstes Kapitel

Wenn etwas in Ruhe ist, ist es leicht zu handhaben; wenn etwas sich noch nicht angekündigt hat, kann man sich leicht darauf vorbereiten; wenn etwas spröd und schwach ist, läßt sich's leicht zerbrechen; ist etwas fein, so kann man's leicht zerstäuben. Man muß sich vorsehen vor etwas, solange es noch nicht da ist; für die Ordnung sorgen, solange etwas noch nicht in Unordnung gebracht ist. Ein ganzer Arm voll Holz erwächst aus einem haarfeinen Sproß; ein Turm von neun Stockwerken ersteht aus einem Haufen Erde; eine Reise von tausend Feldwegs beginnt mit einem Schritt.
Wer die Dinge »macht«, hat Schaden davon; wer an sich rafft, verliert. Darum »macht« der vollendete Weise nicht, weshalb er auch nicht zu Schaden kommt; rafft er nicht an sich, weshalb er nicht verliert. Das Volk (dagegen), das darauf aus ist, Geschäfte zu machen, befindet

sich stets in gespannter Erwartung des Erfolgs und kommt doch vielmehr zu Schaden. Wenn man das Ende so vorsichtig bedächte wie den Anfang, so würde man sich sein Geschäft nicht verderben. Darum begehrt der vollendete Weise, was nicht begehrt wird: er schätzt schwer zu erwerbende Güter nicht hoch. Er lernt, was nicht gelernt wird: er kehrt zu dem zurück, über was die Menge hinausgegangen ist. Er trägt zur naturgemäßen Entwicklung der Welt bei, gestattet sich aber dabei nicht, etwas zu »machen«.

Fünfundsechzigstes Kapitel

Die Vertreter des *Tao* im Altertum betätigten es nicht zwecks Aufklärung des Volks; sie wünschten vielmehr dieses zur Einfalt anzuleiten. Daß das Volk schwer zu regieren ist, kommt daher, daß es allerlei weiß. Daraus folgt: mit Verschlagenheit einen Staat *regieren* ist soviel, als ihn zu Grund richten. Enthält sich eine Staatsregierung raffinierter Maßregeln, so ist sie das Glück des Staates. Wer diese gedoppelte Erkenntnis besitzt, der ist auch Muster und Vorbild. Wenn einer immer Muster und Vorbild zu sein versteht, so nennt man dies das

Geheimnis von Tugend. Solche geheimnisvolle Tugend ist tiefgründig, fernwirkend. Sie ist dem, was in der Welt gilt, entgegengesetzt; sie bringt es aber hernach zu großem Erfolg.

Sechsundsechzigstes Kapitel

Was den Strömen und Meeren königlichen Rang verleiht gegenüber allen Talgewässern, ist, daß sie sich artig unter die letzteren herabbegeben: darum eben können sie die königliche Stellung gegenüber den Talgewässern einnehmen. Dementsprechend muß der vollendete Weise, wenn er über dem Volk stehen will, mit dem, was er spricht, sich unter es stellen; wenn er dem Volk vorzugehen wünscht, sich persönlich ihm nachsetzen. Daher kommt es dann, daß das Volk, obgleich er über ihm steht, nicht beschwert ist; daß es, obgleich er ihm vorgeht, sich nicht zurückgesetzt fühlt. So geschieht es, daß alle Welt sich gerne bescheidet und keine Unzufriedenheit aufkommen läßt. Weil er anderen ihr Recht nicht bestreitet, darum ist niemand in der Welt in der Lage, mit ihm Streit anzufangen.

Siebenundsechzigstes Kapitel

Alle Welt nennt das von mir vertretene Große augenscheinlich minderwertig. Es darf nur etwas groß sein, so wird es für minderwertig gehalten. Was das Vollwertige anbelangt, so wird es vermutlich lange in Geltung sein – eben deshalb, weil es unbedeutend ist. Ich für meine Person habe drei Kleinode, die ich bewahre und hochschätze. Das erste heißt: menschenfreundlich sein; das zweite heißt: haushälterisch sein; das dritte heißt: sich nicht herausnehmen, im Reich vornan zu sein. Weil einer menschenfreundlich ist, kann er furchtlos sein; weil einer haushälterisch ist, kann er freigebig sein; weil einer sich nicht herausnimmt, vornan zu sein im Reich, kann er der Einflußreichste unter den Befähigten werden. Heutzutage will man nichts von Menschenfreundlichkeit wissen und ist um so frecher; will man nichts von Haushalten wissen und ist um so verschwenderischer; will man nichts von Nachstehen wissen und drängt sich um so mehr vor. Das ist doch wohl der Tod. Ist man menschenfreundlich, wenn man Krieg führt, so behält man den Sieg; oder, wenn man sich verteidigt, so hält man stand. Der Himmel wird einen solchen retten: durch menschenfreundliches Wesen beschützt er ihn.

Achtundsechzigstes Kapitel

Wer es *recht* versteht, Anführer zu sein, ist nicht kriegerisch; wer es *recht* versteht, zu kämpfen, ist nicht zornmütig; wer es *recht* versteht, den Gegner zu überwinden, ist kein Kampfhahn. Wer es *recht* versteht, die Leute zu gebrauchen, ordnet sich ihnen unter. Das heißt die Kunst, den Streit zu vermeiden; das heißt das Vermögen, andere sich dienstbar zu machen. Das heißt: dem Himmel es gleichtun – das Höchste, was die Alten erreichten!

Neunundsechzigstes Kapitel

Ein erfahrener Kriegsmann pflegte zu sagen: »Ich wage nicht, herauszufordern, sondern lasse mir den Kampf anbieten; ich wage nicht, einen Zoll vorzugehen, weiche aber einen Fuß zurück«. Das heißt: zum Marsch ordnen ohne Reihen und Glieder, sich gefechtsbereit machen ohne Arme, nachsetzen ohne Feind, festnehmen ohne Kriegsgefangenen. Es gibt nichts Unheilvolleres als leichtfertigen Angriffskrieg. Ein leichtfertiger Angriffskrieg ist nahezu Einbuße unsres wertvollsten Besitzes. Darum: Wenn feindliche Waffen aufeinanderstoßen, ist derjenige Sieger, der Mitgefühl hat.

Siebzigstes Kapitel

Meine Worte sind sehr leicht zu verstehen und sehr leicht zu befolgen; aber niemand in der Welt vermag sie zu verstehen, niemand vermag sie zu befolgen. Die Worte kommen von einem ehrfurchtgebietenden Vater, die Werke kommen vom »Herrn«. Nur darum, weil er nicht verstanden wird, versteht man *mich* nicht. Derer, die mich verstehen, sind's wenige: das gereicht mir nach dem Gesagten zur Ehre. Weil es so zugeht, hüllt sich der vollendete Weise in grobes Gewand und birgt seinen Schatz im Innern.

Einundsiebzigstes Kapitel

Kenner sein und doch kein Kenner sein ist das Höchste. Kein Kenner sein und doch Kenner sein ist ein Leiden. Nur wenn einem das Leiden leid tut, dann ist es kein Leiden. Der vollendete Weise ist nicht leidend, weil ihm sein Leiden leid tut: deshalb eben ist er kein Leidender.

Zweiundsiebzigstes Kapitel

Wenn das Volk sich vor dem Furchtbaren nicht fürchtet, so trifft das Gefürchtetste ein.

Keiner halte seine Lage für zu beengend; niemand sei mit seinen Lebensverhältnissen mißvergnügt: nur weil man nicht genügsam ist, sind sie ungenügend.

Der vollendete Weise weiß sich selbst (zu schätzen), aber er bewundert sich nicht; er liebt sich selbst, aber er überhebt sich nicht. Er meidet daher das eine und hält sich an das andere.

Dreiundsiebzigstes Kapitel

Hat man den Mut, etwas zu wagen, so verhängt man die Todesstrafe; hat man den Mut, sich auf das Gewagte nicht einzulassen, so läßt man am Leben. Dieses doppelte (Verfahren) schlägt bald zum Guten aus, bald zum Schaden:

Wer weiß, ob Anlaß gegeben ist, ein dem Himmel verhaßtes Verbrechen anzunehmen?! Darum nimmt es der vollendete Weise eher schwer.

Des Himmels Weise ist dies:

Er streitet nicht und weiß doch zu bezwingen; er redet nicht und weiß doch Antwort zu bekom-

men; er ruft nicht, und man kommt von selbst;
er scheint zu zaudern und sieht doch den richtigen Zeitpunkt vor. Des Himmels Netz ist weitmaschig; so durchlässig es aber ist, so läßt es doch nicht entkommen.

Vierundsiebzigstes Kapitel

»Wenn das Volk den Tod nicht zu fürchten hat, wie soll man es mit der Todesstrafe schrecken? Wenn man (dagegen) Anstalt trifft, daß das Volk beständig den Tod fürchten muß, und wenn wir den Unhold ergreifen und töten können, wer wird (ein Verbrechen) wagen?« Es ist *allezeit* ein *Oberrichter* über Leben und Tod da, der die Todesstrafe verhängt. Statt des obersten Strafrichters mit dem Tode bestrafen, das heißt statt des Zimmermeisters Holz behauen. Wenn man statt des Zimmermeisters Holz behaut, so geht es selten ohne Verletzung der Hand ab.

Fünfundsiebzigstes Kapitel

Daß das Volk hungert, kommt daher, daß seine
Obrigkeit massenhaft Abgaben verzehrt: *deswe-
gen* muß es Hunger leiden. Daß das Volk schwer
zu regieren ist, kommt daher, daß seine Obrigkeit etwas zu »machen« hat: *deshalb* ist es schwer
zu regieren.

Daß das Volk den Verlust des Lebens leicht
nimmt, kommt daher, daß es im Übermaß zu
leben begehrt: *darum* nimmt es den Verlust des
Lebens leicht. (Ich sage) nur: Derjenige, dem es
nicht darum zu tun ist, sich auszuleben, der ist
weiser als der, welchem das Leben das höchste
Gut ist.

Sechsundsiebzigstes Kapitel

Wenn der Mensch zur Welt kommt, ist er weich
und schwach; wenn er stirbt, ist er hart und
stark geworden. Wenn die Dinge alle, die Kräu-
ter und Bäume, hervorkeimen, sind sie weich
und zart; wenn sie absterben, sind sie dürr und
starr. Man sieht daraus: Härte und Stärke geht
mit dem Tod, Weichheit und Schwäche geht mit
dem Leben. So kommt's, daß ein Heer, wenn es
auf seine Stärke pocht, nicht sieghaft ist; daß der

Baum, wenn er Stärke erlangt hat, fertig ist. Das Starke und Große zieht's hinab, das Weiche und Schwache zieht's empor.

Siebenundsiebzigstes Kapitel

Das Verfahren des Himmels – wie gleicht es dem des Bogenspanners! Das Hohe erniedrigt er, das Niedrige erhöht er; das Überreichliche vermindert er, das Ungenügende vervollständigt er.

Der Himmel verfährt so, daß er das Überreichliche vermindert und das Ungenügende vervollständigt. Der Mensch pflegt es nicht so zu machen: er nimmt weg, wo nicht genug ist, um dem, der Überfluß hat, zu spenden.

Wer vermag so viel zu erübrigen, daß er dem ganzen Reich dienen kann? Nur wer das *Tao* hat! Darum wirkt der vollendete Weise, ohne sich etwas darauf zugute zu tun; vollbringt er Großes, ohne darauf auszuruhen. Er will seine hervorragende Tüchtigkeit nicht zur Schau tragen.

Achtundsiebzigstes Kapitel

Das Wasser ist das Weichste und Nachgiebigste in der Welt, und doch kann von dem, was Hartes und Starkes angreift, nichts es übertreffen. Es hat nichts, womit es vertauscht werden kann. Daß das Nachgiebige das Starke überwindet, daß das Weiche das Harte überwindet, ist jedermann bekannt. Aber keiner bringt's dazu, (demgemäß) zu handeln. Darum hat ein vollendeter Weiser gesagt:
»Des ganzen Volkes Befleckung auf sich nehmen, das heißt Hohepriester sein; die Leidenslast des ganzen Volkes auf sich nehmen, das heißt König im Reiche sein.« – Ein richtiges Wort kann widersinnig erscheinen.

Neunundsiebzigstes Kapitel

Hat man eine große Feindschaft beigelegt, so wird unvermeidlich etwas von der Feindseligkeit zurückbleiben. Wie sollte man es auch in der Gewalt haben, (andere) edel zu machen?
Der vollendete Weise hält sich an die übernommene Verpflichtung und hält anderen ihre Schuldigkeit nicht vor. Der Ehrenmann sorgt für die Erfüllung seiner Verbindlichkeit,

der gemeine Mensch sorgt für sein Einkommen.
Des Himmels Art ist es, keine Günstlinge zu haben: Immer steht er den *guten* Menschen bei.

Achtzigstes Kapitel

(Ich denke mir) ein kleinstaatliches Völklein. Laß es die Talente eines ganzen Zehnts von Exzellenzen zur Verfügung haben und doch sie nicht brauchen. Laß das Völkchen ungern sterben und darum auch nicht in die Ferne auswandern; obgleich es Schiffe und Wagen besitzt, soll es nicht nötig haben, sie zu besteigen; obgleich es Panzer und Waffen hat, sich nicht in seiner Rüstung zu zeigen brauchen. Laß die Leutchen wieder Schnüre knoten und sich dieser bedienen. Dann werden sie ihre Nahrung wohlschmeckend, ihre Kleidung schmuck, ihre Wohnstätte behaglich, ihr alltägliches Treiben beglückend finden. Wären auch Nachbarstaaten so nahe, daß man zueinander hinübersehen, daß man das Krähen des Hahns und das Hundegebell herüber und hinüber hören könnte, die Leute sollten mir doch ein hohes Alter erreichen und absterben, ohne miteinander verkehrt zu haben!

Einundachtzigstes Kapitel

Aufrichtiges Reden ist kein Schöntun; Schön-
rednerei ist nicht aufrichtig. Der ernste (Redner)
läßt sich nicht auf Wortstreit ein; der Streithahn
ist nicht ernst zu nehmen. Der Einsichtige ist
kein Vielwisser; der Vielwisser ist nicht ein-
sichtsvoll.
Der vollendete Weise speichert nicht auf: je
mehr er zum Besten anderer aufgewendet hat,
desto mehr hat er seinem Besitz Zuschuß ver-
schafft; je mehr er verausgabt hat an andere,
desto mehr hat er zugelegt.
Die Art des Himmels ist es, zu fördern und nicht
zu schädigen. Des vollendeten Weisen Art ist
es, etwas zu schaffen und nicht zu streiten.

Anm. des Hrsg.: Eine bessere Übertragung des letzten Satzes des
Tao-te-king wäre: »Des Vollendeten Art ist es, handeln ohne zu
handeln.« Viele Übersetzer bringen an dieser Stelle »streiten«, doch
es ist – wie im Vorwort vermerkt – hier von Wu-Wei die Rede, der
vollendeten Kunst praktischer Lebensführung: Tun im Nicht-Tun.

Bibliographische Notiz

Für diese Ausgabe der Ausgewählten Texte
wurden verwendet:

Mensch werde wesentlich! LAOTSE
Sprüche, deutsch von Klabund, Berlin-Zehlen-
dorf, 1920

Lao-Tszes Buch vom Höchsten Wesen und vom
Höchsten Gut (Tao-te-king)
Aus dem Chinesischen übersetzt von Julius
Grill, Tübingen 1910

Ferner sind lieferbar:

Lao-tse
das buch des li pe-jang, genannt lao tse
Bearb. u. übers. v. W. Lüttichau, Mondrian
1981

Daudesching, München 1985

Führung und Kraft aus der Ewigkeit (Tao-te-King)
Aus d. Chin. v. Erwin Rousselle, Frankfurt/M.
1985

Jenseits des Nennbaren. Sinnsprüche und Zeichnungen nach dem Tao te King, Freiburg/Br. 1984

Tao-te-king. Das Buch vom Sinn und Leben
Übers. u. komm. v. Richard Wilhelm, Köln 1985

Tao-te-king, Zürich 1951

Tao-te-king. Das Buch vom Weltgesetz und seinem Wirken, München 1981

Tao-Te-King Chang-Tung-Sun: Chinesen denken anders
Hrsg. v. Günther Schwarz, Darmstadt 1978

AUSGEWÄHLTE TEXTE

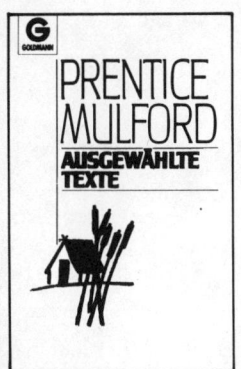